Where There's A Will, There's A Way

Donde Hay Ganas, Hay Mañas

Published by
Trails West Publishing
PO Box 8619
Santa Fe, New Mexico 87504-8619

FIRST EDITION 1995
FIRST PRINTING 1995

Text copyright © 1995 by Joe Hayes
Illustrations copyright © 1995 by Lucy Jelinek

ALL RIGHTS RESERVED
Printed in the United States of America

ISBN 0-939729-25-3

A Story in Two Languages

Where There's A Will, There's A Way

A Story in Two Languages By

JOE HAYES

Donde Hay Ganas, Hay Mañas

Illustrations & Design By Lucy Jelinek

TRAILS WEST PUBLISHING

Long ago a boy lived with his parents in a small village in the mountains of New Mexico. The boy was shy and very seldom spoke. He was always lost in fantasies. And so everyone thought he was a little bit foolish. But that didn't matter to him. He had ideas of his own!

Hace muchos años un muchacho vivía con sus padres en un pueblito de la sierra de Nuevo México. El muchacho era muy tímido y casi no hablaba. Siempre estaba metido en fantasías. Así que todo el mundo lo tomaba por bobo. Pero eso no le importaba a él. Tenía sus propias ideas.

When the boy was old enough to look for work and make his own living, he left home. But everyone just laughed at him when he asked them for a job. They didn't think he was bright enough to do any sort of work at all.

Cuando el muchacho cumplió la edad para buscar trabajo y ganarse la vida, dejó la casa. Pero toda la gente se reía de él cuando les pedia empleo, pues no pensaban que sirviera para ninguna clase de trabajo.

Finally the village priest took the boy in to be his servant. The priest was a very proud man who came from a faraway city. He thought he was superior to the simple folk of the village. Right away the priest decided to entertain himself by making fun of the boy. "Boy," the priest told him, "in order to properly carry out your duties as my servant, you must first learn the correct name for everything."

Por fin, el cura del pueblo contrató al muchacho como sirviente. El cura era un hombre presumido que venía de una ciudad lejana. Se creía superior a la gente sencilla del pueblo. De un principio el cura decidió divertirse burlándose del muchacho. —Muchacho, le dijo el cura –, para complir bien con tus deberes como mi sirviente, primero tienes que aprender el nombre justo para todo.

"Start with me," the priest said. "What will you call me?"

The boy answered simply, "Father or curate, or whatever you want."

But the priest corrected him, "No! You must call me *your reverence.*"

—Comienza conmigo, le dijo el cura—. ¿Cómo vas a llamarme a mí?

El muchacho inocente contestó: —Padre o cura, o lo que quiera usted.

El cura lo corrigió: —¡No! Debes llamarme *su reverencia.*

And then the priest pointed at the animal sleeping in the corner. "What will you call that creature?"

The boy said, "Tom cat or kitty, or whatever you want."

"No, no," said the priest. "You must call her *the queen of the cats, the killer of rats.*"

Luego el cura señaló al animalito que dormía en el rincón. –¿Y cómo vas a llamarle a esa criatura?

Dijo el muchacho: –Gato o gata, o lo que quiera usted.

–No, no, dijo el cura–. Tienes que llamarle *la reina de gatas que mata las ratas.*

The priest pointed at the fireplace. "What do you see burning there in the chimney?"

"Fire or flame, or whatever you want."

The priest shook his head. "You must say *heat and illumination.*"

El cura indicó el fogón. –¿Qué es lo que arde en la chimenea?

–Lumbre o llamas, o lo que quiera usted.

El cura se movió la cabeza. –Debes decir *calor e iluminación.*

He led the boy into the kitchen and showed him a pitcher sitting on the table. "What is in that pitcher?"

The boy knew only one word for what was in the pitcher: "Water!"

But the priest waved his hand. "No, no, no," he said. "You must call it *the liquid of life.*"

Condujo al muchacho a la cocina y le mostró una jarra en la mesa. –¿Qué es lo que está dentro de la jarra?

El muchacho sabía un solo nombre para lo que estaba en la jarra: –¡Agua!

El cura agitó la mano impaciente. –No, no, no, dijo–. Tienes que decirle *líquido de la vida.*

Finally the priest pointed all around at the house and said, "What will you call this?"

The boy gave up. He just shrugged and said, "Whatever you want."

And the priest told him, "You must call it *the priestly residence.*"

Para terminar, el cura señaló toda la casa y preguntó: —¿Cómo vas a llamar todo esto?

El muchacho ya no podía más. Se encogió los hombros y dijo: —Lo que quiera usted.

El cura le dijo: —Tienes que llamarle *la residencia sacerdotal.*

Then the priest sent the boy away, but he reminded him that the next time they spoke, the boy must use the correct name for everything.

But because the boy was not so foolish as everyone thought, he knew very well the priest was making fun of him. He began to wonder how he might get even. Many times he had heard his parents repeat an old saying: *Where there's a will, there's a way.* And he thought of a good way.

Luego el cura lo despidió, pero lo recordó que la próxima vez que hablaran, debiera usar las palabras adecuadas para todo.

Pero como el muchacho no era tan simple como todos creían, bien sabía que el cura estaba burlándose de él. Se puso a pensar cómo desquitarse. Muchas veces había oído repetir a sus padres un viejo dicho: *Donde hay ganas, hay mañas.* Y se le ocurrió una buena maña.

The boy went to the store and with the little bit of money he had he bought a big skyrocket. Then he returned to the priest's house and waited for nightfall.

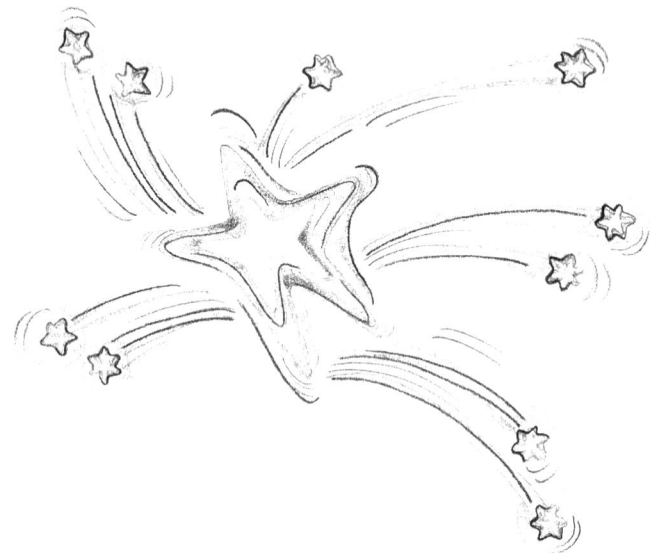

Fue el muchacho a la tienda y con el poco dinero que tenía compró un cohete muy grande. Luego regresó a la casa del cura y aguardó para que cayera la noche.

After the priest had gone to bed, the boy called the cat to him. He took a string from his pocket and tied one end of the string to the skyrocket. The other end he tied to the cat's tail. And then he lit the fuse!

Después de que el cura se había acostado, el muchacho llamó a la gata. Sacó una cuerda del bolsillo y amarró un extremo al cohete. La otra punta de la cuerda amarró a la cola de la gata. Luego ¡prendió fuego a la mecha!

The skyrocket took off with a *whoooosh!* And the cat took off with a *meeoooow!* But the skyrocket stayed right behind it, roaring and sputtering and scattering fire in every direction.

El cohete arrancó con una *¡voooosh!* Y la gata se arrancó con una *¡ñaauuuu!* Pero el cohete la siguió pegadito, bramando y chispoteando y regando fuego por todos lados.

The boy knocked on the door of the priest's room and called out, "Get up, your reverence. The queen of the cats, the killer of rats, is scattering heat and illumination all over the priestly residence. If you don't run for some liquid of life, the priestly residence will be all on heat and illumination!"

El muchacho llamó a la puerta de la alcoba del cura y gritó: —Levántese, su reverencia. La reina de gatas que mata las ratas está tirando calor e iluminación por toda la residencia sacerdotal. Si usted no corre por líquido de la vida, la residencia sacerdotal va a quedar todo calor e iluminación.

He didn't wait around to see if the priest would follow his advice or not. He just made sure that the sky-rocket was out and that the cat hadn't been hurt and then he left that house and he never went back again.

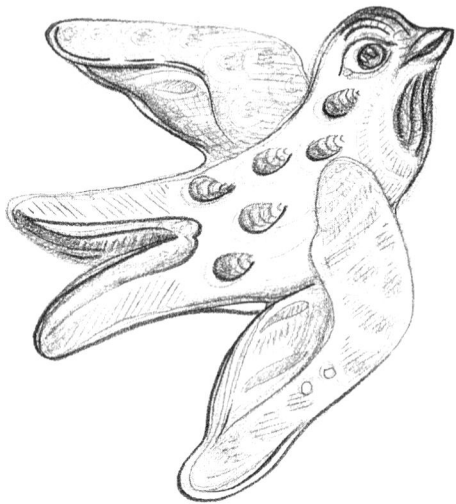

No esperó para ver si el cura siguiera el consejo o no. Nomás aseguró que el cohete se había apagado y que la gata no estaba lastimada y luego se fue de esa casa y nunca volvió.

27